BEI GRIN MACHT SICH IHR WISSEN BEZAHLT

- Wir veröffentlichen Ihre Hausarbeit,
  Bachelor- und Masterarbeit

- Ihr eigenes eBook und Buch -
  weltweit in allen wichtigen Shops

- Verdienen Sie an jedem Verkauf

Jetzt bei www.GRIN.com hochladen und kostenlos publizieren

Bibliografische Information der Deutschen Nationalbibliothek:

Die Deutsche Bibliothek verzeichnet diese Publikation in der Deutschen National-bibliografie; detaillierte bibliografische Daten sind im Internet über http://dnb.d-nb.de/ abrufbar.

Impressum:

Copyright © 2015 GRIN Verlag, Open Publishing GmbH
Druck und Bindung: Books on Demand GmbH, Norderstedt Germany
ISBN: 9783668521803

Dieses Buch bei GRIN:

http://www.grin.com/de/e-book/374485/personalbindung-in-vollstationaeren-altenpflegeeinrichtungen-eine-existenzielle

Alexander Bollig

Personalbindung in vollstationären Altenpflegeeinrichtungen. Eine existenzielle Aufgabe im Hinblick auf Fachkräftemangel und demographische Entwicklung in Deutschland?

GRIN Verlag

GRIN - Your knowledge has value

Der GRIN Verlag publiziert seit 1998 wissenschaftliche Arbeiten von Studenten, Hochschullehrern und anderen Akademikern als eBook und gedrucktes Buch. Die Verlagswebsite www.grin.com ist die ideale Plattform zur Veröffentlichung von Hausarbeiten, Abschlussarbeiten, wissenschaftlichen Aufsätzen, Dissertationen und Fachbüchern.

Besuchen Sie uns im Internet:

http://www.grin.com/

http://www.facebook.com/grincom

http://www.twitter.com/grin_com

Akademie für Pflege, Gesundheit und Soziales

der DRK-Schwesternschaft „Bonn" e. V.

Facharbeit

„Et es wie et es"

(ugs.: Sieh den Tatsachen ins Auge; Kölsche Grundgesetz Artikel 1)

Personalbindung - existentielle Aufgabe in vollstationären Altenpflegeeinrichtungen

im Hinblick auf Fachkräftemangel und

demographischer Entwicklung in

Deutschland

vorgelegt von

Alexander Bollig

im Rahmen der Weiterbildung zur verantwortlichen
Pflegefachkraft/Pflegedienstleitung

Abgabetermin: 29.05.2015

Inhaltsverzeichnis

1. Einleitung..3
2. Hauptteil..5
    2.1.   Drei Faktoren als Ursache für den Pflegekräftemangel und die Folgen der demographischen Entwicklung für vollstationäre Altenpflegeeinrichtungen....................5
    2.2.   Begriffserklärung...10
    2.3.   Methodische Grundlagen..11
    2.4.   Interpretation der Folgen und Möglichkeiten von „Gesundheit/Krankheit", „Berufswertevorstellung" und „Belastung/Überbelastung" im Pflegealltag....................12
3. Schlussteil..15
    3.1.   Abbildung: sinnbildliche Darstellung Institution als Fisch und persönliche Stellungsnahme zum Thema der Facharbeit..............................15
    3.2.   Ausblick: Höhner „Wenn nicht jetzt, wann dann?"....................19
Literaturverzeichnis...20

1. Einleitung

Das Thema Personalbindung und die daraus gestellte These, dass dies existentiell für die vollstationären Altenpflegeeinrichtungen ist, habe ich auf Grund der immer wichtiger werdenden Bedeutung in Folge von jetzt schon aktuellem Fachkräftemangel und der sich in den nächsten Jahrzehnten zuspitzenden Auswirkungen des demographischen Wandels in der Bundesrepublik Deutschland, gewählt. Bereits heute fehlen laut diverser Studien eine Vielzahl an Pflegefachkräften in ambulanten und stationären Einrichtungen der Altenhilfe und in Krankenhäusern. Die Prognosen weisen bezüglich des demographischen Wandels auf eine weitere Zuspitzung hin. Die Bevölkerung wird im Zuge der technischen und medizinischen Weiterentwicklung immer älter. Die jüngeren Generationen, die dies wirtschaftlich und praktisch auffangen müssten, sind jedoch dazu nicht in der Lage, da der Anteil der Neugeborenen bei weitem nicht so ansteigt, wie die der älteren Generation.

Die Facharbeit bezieht sich auf die Personalbindung in den stationären Altenpflegeeinrichtungen, wo auf drei entscheidende Faktoren Bezug genommen wird. Die von mir in Überbegriffe zusammen gefassten Faktoren sind „Gesundheit/Krankheit", „Berufswertevorstellung" und „Belastung/Überlastung", die im Laufe der Facharbeit immer im Mittelpunkt stehen und thematisiert werden. Diese Faktoren hängen unabdingbar zusammen. Im Pflegealltag kommen sie täglich vor und sind entscheidende Ursachen für ausscheidende MitarbeiterInnen in der Altenpflege. Die genannten Überbegriffe und deren Aspekte werden im Hauptteil unter 2.1. detaillierter mit Quellenangaben benannt. Der Großteil der verwendeten Literatur basiert auf Umfragen, Daten und Stellungnahmen des Deutschen Berufsverbands für Pflegeberufe (DBfK).

Meinen persönlichen Bezug zum Thema der Facharbeit herzustellen ist folgender: Künftig ist es mein Ziel, als Pflegedienstleitung in einer Institution der Altenpflege, tätig zu sein. Die herausfordernden Aufgaben, die mit dieser Position einhergehen und denen ich mir bewusst bin, werden im Laufe der Facharbeit benannt. Die Personalbindung ist nicht nur auf Grund der oben bereits erwähnten Problematik, des bereits aktuellen Fachkräftemangels und der demographischen Entwicklung ein brisantes Themengebiet, sondern auch wegen des immer größer werdenden Konkurrenzkampfes unter den Altenpflegeeinrichtungen.

Immer mehr multimorbide Hochaltrige benötigen, wenn die Versorgung zu Hause nicht mehr erbracht werden kann, einen Pflegeheimplatz. Bei gleichzeitig stetig sinkender

Anzahl von Pflegekräften, ist die Personalbindung und Personalförderung eine existentielle Aufgabe der Leitungskräfte. Nur so kann der Teufelskreis, mit weniger Personal immer mehr zu leisten, durchbrochen werden und den zugleich hohen Qualitätsansprüchen der Gesellschaft gerecht werden.

Um die Fluktuation der MitarbeiterInnen zu verhindern, eine Identifikation der Mitarbeiter zu der eigenen Institution und zu den zu betreuenden Bewohnern zu schaffen, benötigt eine kompetente Führungskraft nicht nur das Augenmerk auf die Bewohnerorientierung, sondern im gleichen Maße auch auf die Mitarbeiterorientierung. Nur zufriedene und wertgeschätzte MitarbeiterInnen erbringen trotz hoher Arbeitsbelastung die Qualität, die gesetzlich gefordert und gesellschaftlich erwartet wird.

2. Hauptteil

2.1. Drei Faktoren als Ursache für den Pflegekräftemangel und die Folgen der demographischen Entwicklung für vollstationäre Altenpflegeeinrichtungen

Im Folgenden werden die drei Faktoren „Gesundheit/Krankheit", „Berufswertevorstellung" und „Belastung/Überlastung" thematisiert und detailliert erläutert, um den Zusammenhang zum Thema Personalbindung herzustellen. Alle drei Faktoren sind untrennbar miteinander verbunden und müssen von kompetenten Leitungskräften verstanden, ernst genommen und berücksichtigt werden, wenn sie ihrer Verantwortung für die zu betreuenden BewohnerInnen und ArbeitnehmerInnen gerecht werden wollen.

„Gesundheit/Krankheit"

Beginnen möchte ich mit zwei Aussagen, die gegensätzlicher nicht sein können. Beide stammen vom Deutschen Berufsverband für Pflegeberufe (DBfK). Dort heißt es zum einen: Wir (Pflegeunternehmerinnen und Pflegeunternehmer) übernehmen Verantwortung für Rahmenbedingungen zur Arbeitssicherheit und zur Gesundheit unserer Mitarbeiter[1]. Diese Aussage aus dem Kodex der PflegeunternehmerInnen stelle ich der Aussage aus dem Bericht zum Pflegekollaps gegenüber: Unzureichende Personalausstattung, Dauerstress, schlechte Bezahlung und Dumpinglöhne, physisch und psychisch krank machende Arbeitsbedingungen, steigende Patientenzahlen bei gleichzeitig sinkender Verweildauer, schlechtes Image der Pflegeberufe in allen Sektoren der pflegerischen Versorgung sind die wichtigsten Auslöser[2]. Zusammenfassend ist daraus zuschließen, dass die Arbeitgeber ihre Verantwortung gegenüber ihren Arbeitnehmern kennen, dieser aber hinsichtlich der zweiten Aussage nicht nachkommen. Gesundheit erhalten und zu fördern ist ein hohes Ziel, aber im Rahmen des Fachkräftemangels und den zahlreichen Prognosen zum Thema „demographischen Entwicklung" unabdingbar, denn Mitarbeiter sind das kostbarste Vermögen des Unternehmens und die Garanten für Qualität[3].

Dieses Verständnis muss in den Köpfen von kompetenten Leitungskräften ein entscheidender Faktor sein, ohne gesundes und leistungsfähiges Pflege- und Betreuungspersonal kann keine ausreichende Qualität erbracht werden, die von der Gesellschaft erwartet und verlangt wird (SGBX XI). Die PflegeheimbewohnerInnen haben

---

[1] Kodex für Pflegeunternehmerinnen und Pflegeunternehmer im DBfK
[2] Wie sieht es im Pflegealltag wirklich aus?-Fakten zum Pflegekollaps vom DBfK, Seite 5
[3] Unterrichtsskript WBL 5. Modul, LF 1.2, Frau Herder „Die Herausforderung annehmen"

hierauf einen gesetzlichen Anspruch (Charta der Pflege). Wenn man den Prognosen zu vakanten Vollzeitstellen in Pflegeberufen (2025 ca. 193.000)[4] im Zusammenhang mit stetig steigender Anzahl der zu pflegenden und betreuenden BewohnerInnen betrachtet, handelt ein Arbeitgeber, der sich über eine aktive Gesundheitsförderung seiner Arbeitnehmer keine Gedanken macht, fahrlässig.

Die ohnehin schon schwierige Situation verschärft sich noch, da dass aktuelle Pflege- und Betreuungspersonal immer älter wird und dadurch den stetig steigenden Anforderungen nicht mehr die volle Leistungsfähigkeit gegenüber steht. Mehr als die Hälfte (56%) der befragten Pflegedienstleitungen bestätigen schon heute ein hohes Durchschnittsalter bei der Belegschaft. 59 Prozent rechnen mit zunehmenden Leistungseinschränkungen und Fehltagen ungesichts des erwartbaren Anstiegs älterer Pflegekräfte[5].

Diese Fehltage der älteren Pflege- und Betreuungskräfte führt unumgänglich zu Mehrbelastung für jüngere ArbeitnehmerInnen, die diesen Engpass auf Dauer nicht ausgleichen können. Daraus ergibt sich, dass die Arbeit nicht mehr im vollen Umfang erbracht werden kann, wodurch die Pflegequalität am und mit den BewohnerInnen rapide abnimmt und auch die jüngeren Pflege- und Betreuungskräfte erkranken. Auf Dauer sind Einsätze von Leihfirmen oder Auszubildende als „Notstopfen" nicht die Lösung.

Als Fazit, um den Teufelskreis „Krankmelden eines Arbeitnehmers -> Einspringen/Kompensation des Dienstes durch einen anderen Arbeitnehmer -> der sich auf Grund der stetigen Dauerbelastung auch in absehbarer Zeit arbeitsunfähig meldet" zu durchbrechen, muss sich jeder Arbeitgeber konsequent Gedanken zu einem betrieblichen Gesundheitsmanagement, individuelle Einsatzbereiche abhängig von den jeweiligen Fähigkeiten und Grad der Belastbarkeit der Arbeitnehmer und eine kompetente und adäquate Ausbildung von Auszubildenden machen, diese implementieren und leben.

Um ein passendes Gesundheitsmanagement zu implementieren müssen zuerst die Ursachen erfasst werden, welche die ArbeitnehmerInnen am meisten zur Arbeitsunfähigkeit zwingen, ob dies physische oder psychische Faktoren sind. Möglichkeiten wie Zuschüsse für Fitnessstudios, für Laufschuhe, Schrittzähler, Raucherentwöhnungsprogramme, Rückenschulungen, Anpassung der Dienstzeiten, bezahlte ärztliche Untersuchungen u.v.m. Diese Möglichkeiten kosten natürlich Geld. Langfristig gesehen gewinnt der Arbeitnehmer und der Arbeitgeber, aber vor allem die Pflegeheimbewohner davon.

---

[4] Zahlen-Daten-Fakten „Pflege" vom DBfK Seite 2
[5] Ebd.

Ältere MitarbeiterInnen können physisch in der Regel permanent weniger Dienste am Stück leisten wie jüngere. Sie haben jedoch einen wertvollen Erfahrungsschatz, den jeder Arbeitgeber schätzen sollte. Ältere MitarbeiterInnen in andere Bereiche einzubeziehen, wo sie körperlich weniger beansprucht werden, der Einrichtung aber auf Grund ihrer Erfahrung und Sichtweise hilfreich sind, wäre zum Beispiel die soziale Betreuung der BewohnerInnen oder Übernahme von administrativen Aufgaben. Hierdurch würden sie länger im Pflegeberuf bleiben und dem Pflegekräftemangel entgegenwirken.

Eine umfangreiche Einarbeitung und Begleitung der Auszubildenden und neuen Mitarbeitern ist heutzutage unumgänglich. Der Arbeitsmarkt bietet Pflegefachkräften jegliche Möglichkeiten. Diese müssen durch engagierte Mitarbeiter und kompetente Führungskräfte in ihre Einrichtung integriert und gefördert werden, um einem Personalmangel entgegenzuwirken. Überbelastungen und steigende Ausfallzeiten verbunden mit deren Kompensation sind zu vermeiden, um so den älteren MitarbeiterInnen die oben bereits erwähnte Möglichkeit der Umstrukturierung zu ermöglichen.

„Berufswertevorstellung"

Unter dem Überbegriff „Berufswertevorstellung" ist die gegenseitige Wertschätzung, die Zufriedenheit der ArbeitnehmerInnen, die gewünschte Interaktion zwischen Pflege- und Betreuungspersonal zu ihren anvertrauten Bewohnern gemeint, sowie das moralische Dilemma, wenn diese Wertvorstellungen nicht erreicht und umgesetzt werden.

Auch hier sind kompetente und interessierte Führungskräfte gefragt, die wissen, dass Mitarbeiterzufriedenheit die Voraussetzung für Patienten/ Kunden-Zufriedenheit ist[6]. Dies bedeutet im Umkehrschluss, dass Arbeitgeber, die nur einen geringen Wert auf die Mitarbeiterzufriedenheit und die daraus resultierende Bewohnerzufriedenheit legen, sich nicht an den Kodex des DBfK halten. Jedoch äußert eine Vielzahl von befragten Pflegekräften in einer Umfrage, dass sich die „Pflegequalität verringert" habe (50,8%), verneinen eine „angemessene Personalausstattung" (81,8%) und beklagen einen „unzureichenden Informationsfluss" (63,9%)[7]. Es ist erkennbar, dass Angesicht dieser Umfrageergebnisse noch erheblicher Handlungsbedarf besteht.

Die Altenpflege ist ein sozial-pflegerischer Beruf, jedoch nach der Meinung der meisten Pflege- und Betreuungskräfte kommt eben dieses „soziale" zu kurz. „Wann haben sie sich das letzte mal mit einer Tasse Kaffee zu einer dementiell veränderten Bewohnerin gesetzt

---

[6] Kodex für Pflegeunternehmerinnen und Pflegeunternehmer im DBfK
[7] Vgl. DBfK, Wie sieht es im Pflegealltag wirklich aus?-Fakten zum Pflegekollaps, Seite 9ff

und ihr ein paar Minuten ihr offenes Ohr geschenkt?" „Wie lange konnten sie die Hand einer im Sterbeprozess liegenden Bewohnerin halten?" oder „Wie viel Zeit wird in einer Schicht für das dokumentieren verwendet, obwohl sie sich lieber mit einer Bewohnerin beschäftigen würden?" Dies sind alltägliche Fragen und führen zu einem moralischen Dilemma bei Pflege- und Betreuungspersonal, die gezwungen sind mit unzureichenden Mitteln eine Minimalversorgung aufrecht zu erhalten[8].

Zeit war, ist und wird immer ein elementarer Faktor für Pflege- und Betreuungskräfte sein. Jedoch ist diese begrenzt, deshalb müssen Konzepte zum Zeitmanagement für jede Berufsgruppe in einem Altenpflegeheim entwickelt, regelmäßig evaluiert und angepasst werden (PDCA-Zyklus).

Die unter der Obhut des Personals stehenden anvertrauten BewohnerInnen dürfen nicht die Leidtragenden der steigenden Bürokratisierung und Mehrbelastung werden.

Qualität steigt und fällt mit dem Personal, wenn es den „Qualitätserbringern" gut geht, dass heißt ihre Anliegen und Bedürfnisse ernst genommen werden. Letztendlich wird diese Zufriedenheit den Bewohnern zu Gute kommen.

Ein Dienstleistungsbereich, in dem der Mensch für den Mensch da ist, kann es sich nicht leisten, dass die Mitarbeiter unzufrieden sind[9]. Unzufriedenheit bei den MitarbeiterInnen kommt durch viele Faktoren auf. Zunächst die mangelnden Zeitkorridore für Interaktionen, also das „Dasein" für die BewohnerInnen. Die fehlende Wertschätzung innerhalb der Einrichtungsebenen und innerhalb des Pflegeteams. Die subjektiv empfundene sinkende Pflegequalität gerade in Zusammenarbeit mit MitarbeiterInnen von Leihfirmen und die stetig steigenden Anforderungen ohne Entlastung zu sehen. Dabei müsste die Milchmädchenrechnung doch wie folgt lauten: Die Zufriedenheit des Pflege- und Betreuungspersonals steigern, führt zur Zufriedenheit der BewohnerInnen und deren Angehörigen, was zu einer steigenden Qualität und Außendarstellung der Pflegeeinrichtung führt und dies wiederum im Konkurrenzkampf zwischen den Pflegeheimen ein entscheidender Faktor ist. Die Bettenbelegung kann somit wirtschaftlich hochgehalten werden, dies hat weiter zu Folge, das zusätzliches Personal angeworben werden kann. Natürlich führt diese konzeptionelle Umstellung der Rahmenbedingungen zunächst zu Kosten, die langfristig gesehen aber positiv für eine Einrichtung sind.

„Belastung/ Überlastung"

Die Altenpflege und -betreuung bleibt trotz maschineller Hilfsmittel, wie verschiedene Arten von Aufstehhilfen, Pflegebetten und diverser Rollstühle, eine physisch wie psychisch

---

[8] Position des DBfK zum aktuellen Pflegepersonalmangel
[9] Unterrichtsskript WBL 5. Modul, LF 1.2, Frau Herder „Die Herausforderung annehmen"

anstrengende Berufsbranche. Gerade die psychische Belastung hat auf Grund der immer längeren Lebenserwartung der BewohnerInnen mit deren kognitiven und psychiatrischen Beeinträchtigungen in den letzten Jahren vermehrt zugenommen. Mobilisation, Transfers, Positionswechsel im Bett und verbale Ausbrüche der kognitiv und motorisch eingeschränkten Pflegeheimbewohnern, die je nach Bewohnerklientel unterschiedlich stark ausgeprägt sind, steht dem noch der einrichtungs- und gesellschaftliche Druck dem Pflege- und Betreuungspersonal entgegen. Der Pflegealltag umfasst seit Jahren nicht mehr ausschließlich die Körperpflege und Betreuung der anvertrauten zu pflegenden Menschen, sondern besteht immer mehr aus Verwaltungs- und pflegefremden Tätigkeiten, die „neben bei" auch noch zu leisten sind. Diese in allen Einrichtungen des Gesundheitswesens unmittelbar durch arbeitsablauforganisatorische Maßnahmen zu steuernden und durch Ressourceneinsatz (Personal wie Finanzen) zu verbessernden Schwachpunkte sind ein mittelbarer Indikator für qualitativ mangelnde Versorgung und zusätzliche, vermeidbare Belastung[10]. In den vergangenen Jahren hat die Ausbildungskapazität (DBfK von 01/2012 mehr als 1/3) für Kranken- und Altenpflege drastisch abgenommen, wobei die Anzahl der benötigten Pflegefachkräfte parallel dazu kontinuierlich steigt, wodurch es unabdingbar ist, die Rahmen- und Belastungsbedingungen anzupassen. Durch personelle und strukturelle Umstrukturierung in Pflegeheimen und mit einer klaren Aufgabenverantwortung ist eine Entlastung für Pflege- und Betreuungspersonal möglich. Da durch diese Entlastung mehr Zeit für pflegerelevante Tätigkeiten bleibt, steigt die Zufriedenheit des Personals und die Krankheitsrate sinkt. Die wechselnden Schichtdienste stellen einen nicht unerheblichen Belastungszustand dar. Hierdurch wird die Vereinbarkeit von Familie und Beruf erschwert. Hier ist ein Umdenken bezüglich der Dienst- und Wechselzeiten nötig. Um die Belastungsgrenze jedes einzelnen Arbeitnehmers zu finden und zu kennen ist eine regelmäßige Kommunikations- und Feedbackkultur in einer Einrichtung unumgänglich, für die eine verantwortungsvolle und eine an ihren MitarbeiterInnen interessierte Führungskraft zuständig ist. Maßnahmen können nur getroffen werden, wenn die Leitungsebene in Zusammenarbeit mit den Betriebsräten/Mitarbeitervertretungen an einem Strang ziehen und zum Wohle der MitarbeiterInnen handeln.

---

[10] Wie sieht es im Pflegealltag wirklich aus?-Fakten zum Pflegekollaps vom DBfK, Seite 12

2.2. Begriffserklärung

DBfK:

Abkürzung für Deutscher Berufsverband für Pflegeberufe, der sich für die wirtschaftlichen Interessen, Professionalisierung und Qualitätssicherung der Pflege, der in den Berufsgruppen der Alten-, Kinderkranken- und Krankenpflege tätigen Pflegekräfte einsetzt.

Demographischer Wandel:

Der Demographische Wandel/ Entwicklung beschreibt die Tendenzen in der Bevölkerungsstruktur, differenziert u.a. in die steigende Altersstruktur und sinkende Anzahl von Jüngeren, die gerade in der Pflegebranche in den nächsten Jahrzehnten zu erheblichen Fachpersonalengpässen führen wird.

War for talents (dt. „Talentmanagement"):

Kommt aus einer Studie von McKinsey (1997), in dem die angespannte Situation von Unternehmen im Hinblick auf zunehmend geringere Fachkräfte bei steigender Nachfrage gemeint ist.

best-practice:

Im Rahmen des Benchmarking werden jedoch nicht nur Kennzahlen miteinander verglichen und Leistungslücken quantifiziert, sondern die zugrunde liegende Vorgehensweise zur Erreichung der Benchmarks ergründet. Dabei sollen herausragende, exzellente Praktiken entdeckt und im eigenen Unternehmen umgesetzt werden, um dadurch nachhaltige Verbesserungen oder sogar Wettbewerbsvorteile zu erlangen. Im Kern beinhaltet Benchmarking damit das Streben, zum „Besten der Besten" zu werden.[11]

Pflegebedürftigkeitsbegriff:

Der Pflegebedürftigkeitsbegriff wird von den rein somatischen Einschränkungen auf die kognitiven Einschränkungen der Pflegebedürftigen erweitert. Dies kommt vor allem den dementiell veränderten Pflegebedürftigen zugute. In diesem Zusammenhang werden die fünf Pflegestufen in fünf Pflegegrade geändert, wo nicht mehr der Hilfegrad ermittelt wird, sondern die vorhandene Selbstständigkeit und die kommunikativen und kognitiven Fähigkeiten bewertet werden.

---

[11] (Quelle: http://wirtschaftslexikon.gabler.de/Definition/best-practice.html 21.04.15 11.44 Uhr)

Alltagsbegleiter:

Alltagsbegleiter oder Betreuungsassistent nach SGB XI § 87b sind in der Betreuung von pflegebedürftigen Menschen in Pflegeeinrichtungen tätig. Seit dem 01.01.2015 haben alle pflegebedürftigen Heimbewohner ein Anrecht auf Betreuung durch Alltagsbegleiter, dies galt zu vor nur für dementiell veränderte Bewohner .

2.3. Methodische Grundlagen

Den theoretischen Bezug habe ich an Hand von drei Blickwinkeln ermittelt. Zum einem aus dem Kodex für Pflegeunternehmerinnen und Pflegeunternehmer im DBfK, da diese als Träger und Arbeitgeber dieses existentielle Thema der Personalbindung auf dem Schirm haben müssen und sich laut ihrem Kodex auch für die MitarbeiterInnen verantwortlich fühlen. Diese Verantwortung untermauert auch das Unterrichtsskript WBL 5. Modul LF 1.2 von Frau Herder „Die Herausforderung annehmen. Unternehmensführung in der Altenhilfe- Wertorientierung und Management, Strategie und Steuerung in der Altenpflege" (im Anhang enthalten). Zum anderen eine Stellungsnahme zum Pflegenotstand von ver.di, die als Gewerkschaft aus Sicht und zum Wohle der Pflegekräfte handeln, sowie die vom DBfK erfassten Fakten zum Pflegekollaps. Gerade diese Meinungsumfrage, auch wenn sie von 2008/2009 ist, ist für mich relevant, da alle befragten Pflegemitarbeiter hier anonym und offener antworten konnten, ohne Angst vor Konsequenzen zu haben. Trotz der Tatsache, das die Meinungsumfrage bereits sechs Jahre alt ist, haben die Ergebnisse nicht an Aktualität verloren. Die dritte Position befasst sich mit Zahlen, Daten und Fakten zum Thema Pflege von Januar 2012, in denen unter anderem Prognosen zum Arbeitsmarkt Pflege und dem öffentlichen Image der Pflegebranche dargestellt werden. Die meisten Literaturunterlagen basieren auf Grundlage des DBfK, da

dieser als Berufsverband für Pflegeberufe zum Thema Pflegepersonalmangel in Hinblick auf die demographische Entwicklung in Deutschland auf dem aktuellsten Stand sein sollte.

2.4. Interpretation der Folgen und Möglichkeiten von „Gesundheit/Krankheit", „Berufswertevorstellung" und „Belastung/Überbelastung" im Pflegealltag

Die Altenpflege und -betreuung sieht sich in den kommenden Jahren und Jahrzehnten vor eine große Herausforderung gestellt, um einen weiterführenden drohenden Personalmangel entgegenzuwirken, wie in der gesamte Pflegebranche.

In den drei Überbegriffen „Gesundheit/Krankheit", „Berufswertevorstellung" und „Belastung/Überlastung" wurde deutlich, dass es so nicht weiter gehen kann, dass ohne aktives Entgegensteuern der drohende Pflegekollaps nicht zu vermeiden ist. Kompetente und couragierte Führungskräfte sind gefragt, die von der Offenheit und ehrlichen Äußerungen des Pflege- und Betreuungspersonal abhängig, handeln müssen. Gerade die Altenhilfe ist jetzt schon und wird mit den nächsten Jahren der boomende Arbeitsbereich schlecht hin sein. Wer jetzt nicht entsprechend handelt, wer die Augen vor den bereits aktuellen Problematiken verschließt, handelt fahrlässig.

In allen drei Überbegriffen sind die Gründe genannt, wodurch das Pflege- und Betreuungspersonal ihre volle Arbeitsleistung nur bedingt abrufen kann. Die demographische Entwicklung beim Personal bringt ihr Übriges hinzu, warum die Krankheitsrate steigt, der Berufsaustritt für viele schon früher ein Thema ist und die persönliche Wertvorstellung zu ihrem Beruf abnimmt. Ohne auf die Befinden und Bedürfnisse des Personals zu achten, die die Qualität in den Einrichtungen sicherstellen und fördern sollen, um dem immer größer werdenden Konkurrenzkampf unter den Altenpflegeeinrichtungen Stand zu halten, kann keine Einrichtung auf Dauer gesehen bestehen. Das die Notengebung bei der jährlichen Kontrolle des Medizinischen Dienst nicht förderlich ist versteht sich von selbst. Ein schön dekorierter und gut lesbarer Speiseplan, wo die BewohnerInnen die Möglichkeit haben zwischen zwei Menüs zu wählen, darf keine Mängel in der Behandlungspflege verschleiern und im Endergebnis zu einer sehr guten Notengebung führen. Die gesellschaftlichen Rahmenbedingungen und finanziellen Mittel müssen sich zu Gunsten der Altenhilfe verändern, um die fatalen Folgen eines Pflegekollaps präventiv vorzubeugen.

Die Leitungsebenen in den einzelnen Einrichtungen können durch ein adäquates Zeit- und Gesundheitsmanagement Vorreiter sein, denn und da bin ich mir sicher, gibt es auch bei den aktuellen Zuständen Potential, um die „Belastung/Überlastung", die Hand in Hand mit „Gesundheit/Krankheit" und „Berufswertevorstellung" einhergehen arbeitnehmerfreundlicher zu gestalten. Dauerstress und damit eine erhöhte Belastung und somit ein erhöhtes Risiko einer Arbeitsunfähigkeit kann durch eine gründliche Evaluation von Arbeitsabläufen und Prozessänderungen bestimmt abgebaut werden. Gehören pflegefremde Tätigkeiten, wie Hol- und Bringdienste, Reinigungsaufgaben oder Versorgungstätigkeiten, wie Inkontinenzmaterial oder Wäsche verteilen unbedingt zum Aufgabenspektrum einer Pflegefachkraft? Zeitkorridore für Pflegedokumentation und weitere administrative Aufgaben sind zu schaffen und nur relevante Dokumentation einzubringen. In jeder Schicht bei jedem Bewohner einen Pflegebericht zu schreiben ist zeit- somit auch kostenaufwändig und ob dies zur Steigerung der Qualität und Entlastung beiträgt, wage ich zu bezweifeln. Die Unattraktivität des Pflegeberufs durch mäßige Bezahlung könnte durch Einführung eines Bonussystems beispielsweise gesteigert werden, wenn Pflege- und Betreuungspersonal, die sich auf Grund von Leistungsbereitschaft und Engagement absetzten, dafür monetär begünstigt werden. Ausfallzeiten könnten durch ein angepasstes Gesundheitsmanagement, wie regelmäßige Fortbildung zum gesundheitsfördernden Arbeiten oder Zusammenarbeit mit Krankenkassen und Berufsgenossenschaft reduziert werden. In dem die Arbeitnehmer ihren Ressourcen entsprechend eingegliedert werden, wo sie ihre Stärken zum Wohle der Einrichtung ausüben. Einbezug von Fachärzten bei gerontopsychiatrisch auffälligen Bewohnern führt zu einer psychischen Entlastung des Personals. Die von den Pflege- und Betreuungskräften geforderte Möglichkeit der Interaktion und zum Beziehungsaufbau zu den BewohnerInnen kann nur durch konzeptionelle Anpassung von Zeit- und Aufgabenprozessen erfolgen. Schließlich ist die Altenpflege ein sozial- pflegerischer Beruf, wenn dies nicht mehr ermöglicht ist, sollte über dieses Adjektiv nachgedacht werden. Als elementare Aufgabe ist die Einarbeitung neuer MitarbeiterInnen und die Anleitung und Begleitung der Auszubildenden zu verstehen. Gerade in der Zeit, wo die Anzahl der Pflegefachkräfte im Vergleich zu den vakanten Vollzeitstellen in der Pflegebranche immer größer wird (war for talents), kann sich keine Einrichtung mehr erlauben, diesen immens wichtigen Part der Personalidentifikation, -förderung und -etablierung schleifen zu lassen.

Die Qualität der Einrichtung und Zufriedenheit der anvertrauten BewohnerInnen fällt und steigt mit der Zufriedenheit und Identifikation des Pflege- und Betreuungspersonals, wenn dort nicht angesetzt wird, wo dann? Und genau da sind kompetente und engagierte Führungskräfte gefragt, die sich intensiv mit den Themen und den Arbeitsprozessen auseinander setzten, sich mit dem Personal in Form von Betriebsräten/Mitarbeitervertretungen oder Projektgruppen an einen Tisch setzten und zum Wohle aller, der BewohnerInnen und Angehörigen, der Arbeitnehmer und des Arbeitgebers Konzepte entwickeln und leben. Ganz im Sinne des best-pratice sind

Erfahrungsaustausch mit anderen Altenpflegeeinrichtungen und Qualitätszirkeln auf Leitungsebene eine wertvolle und sinnvolle Möglichkeit.

3. Schlussteil

3.1. Abbildung: sinnbildliche Darstellung Institution als Fisch und persönliche Stellungsnahme zum Thema der Facharbeit

Die Zusammenfassung der wichtigsten Aussagen und meine persönliche Stellungsnahme zur Thematik der Facharbeit möchte ich auf die von mir erstelle Abbildung „sinnbildliche Darstellung Institution als Fisch" beziehen. Den Fisch habe ich nicht ohne Grund gewählt, da die These „Der Fisch stinkt vom Kopf aus" durchaus berechtigt ist. Wie in den Erläuterungen und Interpretationen der drei Überbegriffe „Gesundheit/Krankheit", „Berufswertevorstellung" und „Belastung/Überlastung" bin ich davon überzeugt, dass wenn die Leitungsebene sich konsequent Gedanken macht, offen für Veränderungen ist, dass heißt bereit ist für Prozess- und Aufgabenanpassung und das Pflege- und Betreuungspersonal mehr mit einbezieht, kann auch trotz der bereits heutzutage bestehenden Personalengpässe und erhöhten Fluktuationsrate, Kapazitäten zur Verringerung der genannten Überbegriffe geschaffen werden. Das dies kein einfaches Unterfangen ist und mit erhöhtem finanziellen- und Verwaltungsaufwand einhergeht, ist nicht abzustreiten. Jedoch wenn die nötige Weitsicht vorhanden ist, wird dies in absehbarer Zukunft vermutlich den entscheidenden Vorteil im wachsenden Wettbewerbskampf unter den Altenpflegeeinrichtungen im Bezug auf Bettenbelegung und Fachkräfte bringen.

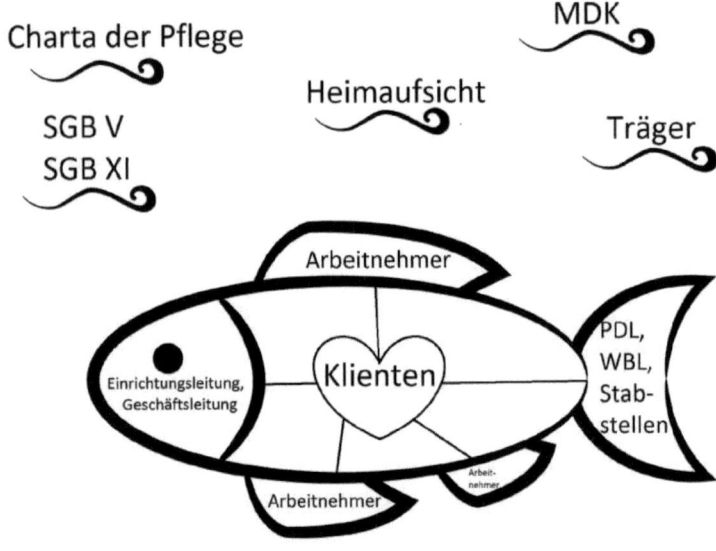

Charta der Pflege

SGB V
SGB XI

Heimaufsicht

MDK

Träger

Arbeitnehmer

Einrichtungsleitung,
Geschäftsleitung

Klienten

PDL,
WBL,
Stab-
stellen

Arbeitnehmer

Arbeit-
nehmer

Abbilduung: sinnbildliche Darstellung Institution als Fisch
A.Bollig 01/15

Legende:

Das WASSER ist die natürliche Umgebung des Fisches, von der er abhängig ist, ebenso ist die Institution Altenpflegeheim von den rechtlichen und gesellschaftlichen Vorgaben und Pflichten abhängig.

Der KOPF dient dem Fisch als Schaltzentrale, koordiniert und steuert ihn. Ohne ihn wüsste weder der Fisch, noch die Institution wo es lang geht. Er gibt die Richtung vor. Hier kommt alles zusammen. Denken, Entscheidungen treffen, Außendarstellung und Verantwortung tragen; wohin schwimme ich? Alle anderen hängen an ihm dran, sind abhängig von seinem Führungsverhalten.

Der Antrieb des Fisches, ist die SCHWANZFLOSSE. Ohne sie kann der Kopf viele Richtungen und Anweisungen vorgeben, ohne die Unterstützung der Schwanzflosse kommt er jedoch nicht voran. Ein perfektes Zusammenspiel der beiden ist notwendig, um Voran zu kommen, ohne sie, geht auch ein Fisch unter. Dies kann man gut an eine Institution weiterleiten. Nur ein gut funktionierendes Führungsteam, kann Entscheidungen zum Wohle des Personals treffen und als Vorbild fungieren. Bei Unstimmigkeiten kann dies beim Fisch und der Institution ausbalanciert und kompensiert werden, aber nicht dauerhaft.

Das HERZ steht im Mittelpunkt, verbindet alle Flossen mit dem Kopf. Für den Fisch, wie für die Institution, ist das Herz/Klienten unabdingbar zum wortwörtlichen überleben. Die Altenpflege ist ein sozial-pflegerischer Beruf, wenn hier nicht mit mit Herz gehandelt und gelebt wird, wo dann?

Die GRÄTEN halten den Fisch bildlich zusammen, festigen ihn und lassen ihn nicht zusammenfallen. Im Falle der Institution ist ein transparenter und umfangreicher Kommunikationsfluss zwischen allen Beteiligten notwendig, um die qualitativen Dienstleitungen erbringen zu können und um nicht an der Vielzahl der rechtlichen Bestimmungen einzugehen. Jeder trägt wortwörtlich Verantwortung für die Stabilität der Institution.

Die FLOSSEN bilden nicht nur am Fisch, sondern auch in einer Institution die Mehrzahl. Kleinere, größere, kräftigerer, feinere Flossen hat ein Fisch, die gemeinsam mit der Schwanzflosse und dem Kopf fungieren müssen, um die Balance und Stabilität des Fisches zu ermöglichen. Eine Flosse kann den Ausfall der anderen für eine gewisse Zeit kompensieren, aber auf Dauer unmöglich. Dies trifft Eins zu Eins auf eine Institution zu, die Möglichkeit der kurzzeitigen Kompensation, die Koordination zwischen Leitung und Pflege- und Betreuungspersonal.

Was passiert, wenn eine dieser elementaren Positionen nicht mehr vorhanden oder leistungsfähig ist? Also seiner angestammten Aufgabe und Leistung nicht mehr nach kommen kann? Kurzzeitig ist alles kompensierbar, dass dies auf Dauer kein Zustand ist, steht außer Frage. Was passiert also, wenn die FLOSSEN auf Grund von mangelndem Informationsfluss nicht mehr die Anweisungen des KOPFES ausführen können? Wenn die FLOSSEN wegen Dauerbelastung nicht mehr voll leistungsfähig sind und wegen dem stetigen Gegenstrom des WASSERS arbeitsunfähig sind? Die FLOSSEN gewillt sind mit HERZ an ihre Arbeit zu gehen, es aber über die Jahre nicht mehr kennen, dies auszuleben? Wenn vom KOPF und SCHWANZFLOSSE soviel Leistungsdruck aufgebaut wird, so dass die FLOSSEN keinen Entscheidungsspielraum haben und nur noch mit schwimmen?

17

Das ist alles sehr metaphorisch beschrieben, aber die Aussage ist klar. Wenn sich die Leitungsebenen nicht intensiv mit dem Thema Personalbindung und Personalidentifikation in der heutigen Zeit befassen und die drei Faktoren versuchen zu verringern, handeln sie fahrlässig. Dies nicht nur im Umgang und als Vorbildfunktion den ArbeitnehmerInnen gegenüber, sondern ebenso den Pflegeheimbewohnern, die unter der mangelnden Pflegequalität zu leiden haben und am Ende dieses Teufelskreis, steht die Existenz der Altenpflegeeinrichtung selbst. Ich selbst bin davon überzeugt, dass durch ein angepasstes Zeit- und betriebliches Gesundheitsmanagement und klarer Aufgabenverantwortung schon heutzutage Potenzial und Kapazität zur Verfügung steht, um die Belastung und Krankheitsraten in einem überschaubaren Maße zu halten. Die Ausbildung und Identifikation von Auszubildenden mit der ausbildenden Einrichtung wird in ferner Zukunft die einzige Möglichkeit sein, dem Fachkräftemangel innerhalb der eignen Einrichtung Herr zu werden (war for talents). Dies ist aktuell und wird noch mehr zu dem primären Aufgabenbereich einer kompetenten Leitungskraft werden.

Das diese Evaluierung der Ablauforganisation zunächst Kosten verursacht ist unumgänglich, aber mittel- und langfristig gesehen ein Gewinn für jede stationäre Institution in der Altenhilfe.

Positiv anzumerken ist die Änderung der zusätzlichen Alltagsbegleiter nach SBG XI § 87b seit dem 01.01.2015, auf die jeder pflegebedürftige Heimbewohner einen Anspruch hat. Des weiteren bin ich auf das Projekt der Entbürokratisierung in der Pflege gespannt, wovon ich mir Zeitkorridore für andere pflegerelevante Tätigkeiten, wie die Interaktion und Betreuung der BewohnerInnen verspreche. Fragwürdig und wenig aussagekräftig finde ich weiterhin die Benotung der Pflegeeinrichtungen durch den MDK, deren Aussagekraft ich schon mit der Erörterung des lesbaren Speiseplans kontra mangelnder Behandlungspflege dargestellt habe. Abzuwarten bleibt, wie sich die Umwandlung der fünf Pflegestufen in die fünf Pflegegrade und der neue Pflegebedürftigkeitsbegriff auf die Personalberechnung verhält.

Abschließend möchte ich noch erwähnen, dass durch die Medien, die hauptsächlich mit negativen Schlagzeilen wie „Haus Dottendorf" oder „Todesengel" keine fördernde „Werbung" für die Pflegebranche ausüben.

3.2. Ausblick: Höhner „Wenn nicht jetzt, wann dann?"

Begonnen habe ich mit dem ersten Artikel des kölschen Grundgesetz „Et es wie et es". Abschließen möchte ich auch auf „kölsch" mit dem Refrain des Liedes „Wenn nicht jetzt, wann dann?" das von der kölschen Band „Höhner" anlässlich der Handball WM 2007 verfasst worden ist.

In diesem heißt es:

> *„Wenn nicht jetzt, wann dann*
> *Wenn nicht hier, sag mir wo und wann*
> *Wenn nicht wir, wer sonst*
> *Es wird Zeit*
> *Komm wir nehmen das Glück in die Hand"*

Übersetzt ist dies im Bezug zur Facharbeit zu verstehen, wenn nicht wir, als aktuelle und zukünftige kompetente und couragierte Leitungskräfte diese Problematik ernst nehmen und handeln, ist es zu spät. Wir haben die Zufriedenheit, Entwicklung und Identifikation unserer MitarbeiterInnen und Auszubildenden selbst in der Hand.

Literaturverzeichnis

Unterrichtsskript WBL: 5. Modul am 14.03.2014, LF 1.2 Dozentin Frau Herder „Die Herausforderung annehmen". Unternehmensführung in der Altenhilfe- Wertorientierung und Management, Strategie und Steuerung in der Altenhilfe-

DBfK: Wie sieht es im Pflegalltag wirklich aus?- Fakten zum Pflegekollaps Ausgewählte Ergebnisse der DBfK- Meinungsumfrage2008/09 Internet: http://www.dbfk.de/download/download/Abschlussbericht-Wie-sieht-es-im-Pflegealltag-wirklich-aus____.pdf (Zugriff: 02.01.2015, 10.15 Uhr)

DBfK: Kodex für Pflegeunternehmerinnen und Pflegeunternehmer im DBfK Internet: http://www.dbfk.de/download/download/Kodex-fuer-Pflegeunternehmer-im-DBfK_web.jpg (Zugriff: 02.01.2015, 10.43 Uhr)

DBfK: Position des DBfK zum aktuellen Pflegepersonalmangel Internet: http://www.dbfk.de/download/download/positionspapier_web.pdf (Zugriff: 02.01.2015, 11.20 Uhr)

DBfK: Zahlen- Daten- Fakten „Pflege" Hintergrundinformationen 01/2012, Internet: http://www.dbfk.de/Startseite/Aktion-Tausche-wichtigen-gegen-guten-Arbeitsplatz/Zahlen---Daten---Fakten-Pflege-2012-01.pdf (Zugriff: 02.01.2015, 11.43 Uhr)

Kölsches Grundgesetzt: Internet: http://www.koelner-karneval.info/Koelsches_Grundgesetz.htm (Zugriff: 02.01.2015, 10.08 Uhr)

Springer Gabler: Gabler Wirtschaftslexikon Das Wissen für Experten Internet: http://wirtschaftslexikon.gabler.de/Definition/best-practice.html (Zugriff: 21.05.2015, 11.44 Uhr)

ver.di b+b: Pflegenotstand Internet: www.verdi-bub.de/service/standpunkte/archiv/pflegenotstand.de (Zugriff: 02.01.2015, 16.51 Uhr)